Société des Amis des Arts
DE LOIR-ET-CHER

---※---

XIIᵉ EXPOSITION
Des Beaux-Arts
ET
Arts Industriels Modernes

---※---

CATALOGUE

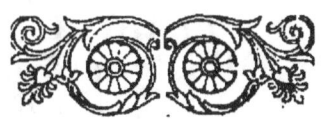

BLOIS
IMPRIMERIE C. MIGAULT ET Cⁱᵉ
14, rue Pierre-de-Blois, 14

—

1905

SOCIÉTÉ DES AMIS DES ARTS
De Loir-et-Cher

CONSEIL D'ADMINISTRATION
Bureau pour 1904-1905

Président :	M. Louis BELTON.
Vice-Présidents	M. Adrien DILLARD. M. le Mis GUILHEM DE POTHUAU.
Secrétaire-gén. :	M. Ludovic GUIGNARD.
Secrétaires :	M. Jules CONTANT. M. Jules GRENOUILLOT.
Trésorier :	M. BONNEFONS.
Conservateur-Archiviste :	M. Louis MARAND.

MEMBRES DU CONSEIL

MM. L. BELTON ; J. BONNEFONS ; J. CONTANT ; Et. DE LA COTARDIERE ; L. DARIDAN ; DELASTRE ; A. DILLARD ; Dr L. DUHAMEL ; J. GRENOUILLOT ; L. GUIGNARD ; A. LEMAIGNEN ; H. LEMAITRE-ROBERT-HOUDIN ; F. LESUEUR ; L. MARAND ; E. PETIT ; Mis GUILHEM DE POTHUAU ; A. RENOU ; P. ROUSSET ; H. SAUVAGE ; E. SEGUIN ; A. STORELLI et Dr THÉVARD.

Les demandes d'admission doivent être adressées à M. J. BONNEFONS, banquier, 1, rue de la Levée, à Blois.

Règlement de l'Exposition

Article premier

La Société des Amis des Arts de Loir-et-Cher ouvrira, au Château de Blois (salles du bâtiment de Gaston d'Orléans), du 13 Juillet au 15 Août :

1° Une Exposition des Beaux-Arts ;
2° Une Exposition des Arts Industriels.

Art. 2

L'Exposition des Beaux-Arts comprendra : Peinture, sculpture, architecture, dessins, aquarelles, pastels, miniatures, vitraux, émaux, faïences, porcelaines.

L'Exposition des Arts Industriels comprendra toutes les œuvres industrielles offrant un caractère artistique (tapisseries, terres cuites, meubles d'art, etc., etc.).

Il ne pourra être exposé plus de cinq ouvrages dans chaque genre inscrit ci-dessus.

ART. 3

La notice ci-jointe devra être retournée à M. GRENOUILLOT, Secrétaire de la Société des Amis des Arts de Loir-et-Cher, au Château, à Blois, le 30 Juin au plus tard.

Le catalogue ne fera pas mention des notices arrivées après cette date.

ART. 4

Les œuvres destinées à l'Exposition des Beaux-Arts devront être encadrées, emballées avec soin, et rendues à Blois, le 8 Juillet au plus tard *(terme de rigueur)*.

Cette exposition conservant un caractère purement local, la Société ne fait pas d'invitations en dehors de la région et ne prend à sa charge aucuns frais de transport à l'aller et au retour.

Les dates fixées pour le dépôt sont strictement obligatoires. — La Commission ne s'engage pas à placer les objets parvenus après le 8 Juillet.

Chaque colis devra porter l'adresse suivante :

A Monsieur le Président de la Société des Amis des Arts de Loir-et-Cher, au Château de Blois.

Art. 5

Les tableaux, cadres compris, et les vitraux ne pourront dépasser deux mètres dans leur plus grande dimension, à moins d'autorisation spéciale du Bureau.

Art. 6

La Société ne répondra pas des accidents survenus pendant le transport.

Les plus grands soins seront apportés pour assurer la conservation des objets d'art exposés, qui seront assurés contre l'incendie ; mais la Société décline à l'avance toute responsabilité pécuniaire dans le cas où ils se trouveraient endommagés ou perdus, par quelque cause que ce soit.

Les ouvrages exposés ne pourront, dans aucun cas, être retirés avant la fin de l'Exposition.

Art. 7

Les ouvrages déposés pour l'Exposition devront être retirés dans les huit jours qui suivront la clôture. Après ce délai expiré, ils cesseront d'être sous la surveillance de l'Administration.

Art. 8

La Commission se chargera d'être l'intermédiaire des Artistes pour la vente de leurs œuvres. Elle ne prélèvera aucune commission sur le produit des ventes.

Le Président de la Société et de la Section des Beaux-Arts,

Louis BELTON.

Le Secrétaire Général,

Ludovic GUIGNARD.

Le Président de la Section des Beaux-Arts,

H. SAUVAGE.

Le Secrétaire de la Section des Beaux-Arts,

J. GRENOUILLOT.

CATALOGUE

Exposition d'Œuvres de Joseph Verdier,

Ancien Président
de la Société des Amis des Arts de Loir-et-Cher

1. — Roches noires, à Trouville.
2. — Etang de Sologne, soleil couchant.
   (Appartiennent à M. Félix Verdier).
3. — Souvenir de la Creuse.
   (Appartient au Musée de Blois).
4. — La mare du parc Eveux, forêt de Russy.
5. — Cerfs et biches en forêt.
   (Appartiennent à M. Blétry, château de la Freslonnière, Sarthe).
6. — Lever de soleil sur le Beuvron.
7. — Le nid détruit.
8. — Le lac de Kiltanon (Ecosse).
9. — Cascade en forêt.
   (Appartiennent à Mme Coutoux, au Mans).

10. — Cerf au repos.
(Appartient à M. H. Sauvage).
11. — Solitude, Sologne.
12. — La mare aux biches.
(Appartiennent à M. Ernest Petit).
13. — Le lac de Killarney (Irlande).
(Appartient à M. Venot).
14. — Mare en forêt.
(Appartient à Mme Chauvin).
15. — Souvenir de la Creuse.
(Appartient à Mme Moreau).
16. — Etang de Sologne.
(Appartient à M. G. Thirion).
17. — Matinée en Sologne.
(Appartient à M. de Cardonne).
18. — Matinée en Sologne.
(Appartient à Me Fandeux).
19. — Comté de Clarc (Irlande).
(Appartient à M. Charles Petit).
20. — A l'abreuvoir.
(Appartient à Me Fandeux).
21. — Le soir, en Sologne.
(Appartient à M. Dillard).
22. — Lac de Loughgraney (Irlande).
(Appartient à M. Lafargue).
23. — Coucher de soleil au bord de la mer.
24. — Étude dans la Creuse.
25. — Rivière sous bois.
(Appartiennent à Mme Dauge)

Société des Amis des Arts

CATALOGUE

du Salon de 1905

ATELIER DES AMIS DES ARTS

MM. Marand et Creiche

1. — Aux Champs. *Peinture.*
Panneau décoratif destiné à l'infirmerie des femmes de l'Asile départemental des Aliénés de Loir-et-Cher.

BARBIER (Mlle Alice), élève de M. Henri Sauvage, 24, quai Saint-Jean, Blois.

2. — Coin du quai Saint-Jean.
Peinture.
3. — Fleurs. *Pastel.*

BIGOT (Alexandre), Mer (Loir-et-Cher).

4. — Motifs divers d'architecture et de décoration en grès flammés.
5. — Cheminée (Salamandre).

BRUNET (Émile-Édouard-Louis), Architecte en chef du Gouvernement, 59, rue Montparnasse, Paris.

5 *bis*. — Projet de concours, pour la reconstruction de l'église de Coulommiers (Seine-et-Marne). 1er prix et exécution. (Appartient à la ville de Coulommiers).

CHARRY (Mme de), 7, rue Saint-Nicolas, Blois.

6. — Un coffret. *Étain repoussé.*
7. — Un cadre.
8. — Une liseuse. } *Cuir repoussé.*
9. — Un porte-carte.
10. — Aquarelle.

CHAUVALLON (Pierre-Henri-Mary), Architecte, 15, rue du Four, Romorantin.

11. — Église de Saint-Loup (Loir-et-Cher). XIIe siècle, une perspective.
12. — Église de Saint-Loup (Loir-et-Cher). Coupe longitudinale.
13. — Remparts de Mennetou-sur-Cher. Côté Est.

Architecture.

CHARVOT (Eugène), Créteil, Seine.

14. — Paysage. *Eau forte.*

COGNARD (Georges), 22 *bis*, rue du Poids-du-Roi, Blois.

15. — Meuble sculpté.
16. — Coffret. — *Sculpture et émaux.*
17. — Vénitienne. — *Email*, d'après Jules Lefebvre.
18. — Saint-Georges. — *Dessin à la plume*, d'après Frémiet.

19. — Bonaparte. — *Dessin à la plume,* d'après Gérôme.

CONTANT (Jules), 89, quai Ulysse-Besnard, Blois.

20. — Cagnes.
21. — Antibes.
22. — Pont de la Cagne.
23. — Route de Villeneuve-Loubet.
24. — Vallée du Loup.
25. — Pêchers.
26. — Le bois d'amour. — Pont-Aven.

Peintures.

27. — La Cisse.
28. — La Cisse.

Aquarelles.

COTTEREAU (Constant), 28, quai Saint-Jean, Blois.

29. — Le Matin.
30. — Le Printemps au Château.
31. — Mme Elisabeth.
32. — Un écusson de miniatures *(portraits).*
   Marie-Antoinette, Mme de Montespan et Mme Elisabeth, réunies dans un seul cadre.
   Deux miniatures pour chapeau.
   Une miniature, bébé et portrait de fillette.
   Photominiature artistique inaltérable par nouveau procédé Cottereau, exposé en un traité méthodique.

CREICHE (Albert-Raoul), 15, rue des Papegaults, Blois.

33. — Portrait de M. H. F.   *Pastel.*
  (Appartient à M. H. F.).
34. — Portrait de Mme Wealth.   *Pastel.*
  (Appartient à Mme Wealth).
35. — Idylle.   *Pastel.*
36. — Deux conférenciers. MM. Paul Boncour et de Lacaze-Duthiers.   *Croquis.*
37. — Camille.
  Croquis aux trois crayons.
38. — Frontispice pour la *Vie Blésoise.*
  Dessin.
39. — Frontispice pour la *Vie Blésoise.*
  Dessin.
40. — Projet de frontispice pour la *Vie Blésoise.*   *Dessin.*

DELASTRE (Édouard-Jean-Marie), 6, rue du Haut-Bourg, Blois.

41. — Le Printemps.
  Projet de vase pour céramique.

Mlle Al. D., Blois.

42. — Boîte pyrogravée.

DELAMARRE de MONCHAUX (Marcel), 6, rue Aumont-Thiéville, Paris.

43. — Canal à Dordrecht.
44. — Vieilles maisons à Bruges.
  Peintures.

Mˡˡᵉ JEANNE-DENISE, 6 *bis*, villa Dupont,
   rue Pergolèse, Paris.

45. — Tête. — *Étude.*
   (Vendu à Mᵐᵉ Roll).
46. — Geraniums et chrysanthèmes.
   (Vendu à Mᵐᵉ Gallet).
47. — Pivoines roses.
48. — Œillets.

DURAND (Mˡˡᵉ Renée), rue de l'Ancienne-
   Comédie, Poitiers.

49. — Retour de la ville. (Coin de Sologne).
50. — Etude de petit chien.
51. — Cour de ferme. *Peinture.*

OLIVIER de FILLOL (Henri), château de
   Collivault, Chailles (Loir-et-Cher).

52. — Laverack. (Variété de Setter anglais).
   Sculpture.

Mˡˡᵉ M. F., Blois.

53. — Page de missel.

GAILLARD (Lucien), Chevalier de la Lé-
   gion d'honneur, 107, rue de la Boëtie,
   Paris.

54. — Vitrine. — Bijoux et objets d'art.

GALANTE (Henri), 59 *bis*, avenue de Saint-Gervais, Blois.

55. — Etang des Trois Seigneurs.
Peinture.

GATELLIER (l'Abbé Arthur), 7, rue Franciade, Blois.

56.
- « Il me disait la grande pitié du royaume de France. »
- « Vous prêtres et gens d'Eglise, faites processions et prières à Dieu. »
- « Nous avons brûlé une Sainte. »
Panneaux, bronzes.

57.
- L'Etendard de Jeanne d'Arc. « A la peine. »
- L'Etendard de Jeanne d'Arc. « A l'honneur. » *Panneau, bronze.*

58. — « In æternum vivent ! »
Bas-relief, bronze.
59. — S. S. Pie X. *Plaquette, plâtre.*
60. — Un chanoine de Blois.
Bas-relief, plâtre.

GÉRARDY (Dominique), 53, rue du Commerce, Blois.

61. — Un buffet à deux corps.
62. — Une table à rallonges.
63. — Deux chaises garnies.
64. — Une console Louis XV.
Art nouveau.

GRIMAUD-LECESNE (Mme Marguerite), pseudonyme DAGUY, 29, rue Saint-Jacques, Etampes.

65. — Classeur pour l'*Illustration*.
66. — Christ (cadre pour).
67. — Classeur pour le Bulletin de l'*Afrique Française*.
68. — Plateau.
69. — Portefeuille.
70. — Ceinture cuir jaune.
71. — Ceinture cuir blanc.
72. — Béguin d'enfant.

Cuirs repoussés.

HALLOU (Alfred-Jean), 15, rue Jacquemont, Paris, et à Blois.

73. — Buste de M. Jules Brisson.
  (Appartient à M. Brisson).
74. — Groupe d'enfants (Joies du Printemps). Modèle en plâtre, pour être exécuté en pierre. Destiné aux Jardins de l'Évêché.
75. — La Vision. — *Masque en marbre.*
76. — Vieille Beauceronne (Mlle Alexandrine). — *Buste plâtre, épreuve patinée bronze.*
77. — Jeune Garçon. — *Buste plâtre, épreuve patinée bronze.*
78. — Paysanne de Sologne cherchant le pissenlit. — *Terre cuite, épreuve patinée bronze,*

JACQUET (Achille), 30, rue Sainte-Catherine, Blois.

79. — Le Château du Moulin. *Fusain.*
80. — Château du Moulin (Motifs divers de sculpture). — *Modèles.*

JOUSSET (G.), 4, place du Palais, Tours.

81. — Portrait de jeune fille. *Pastel.*
82. — Place du Palais, Tours.
Aquarelle.

LABONNE (Edme-Emile), Chouzy-sur-Cisse, (Loir-et-Cher).

83. — Atelier fleuri.
84. — Rue à Amboise.
Aquarelles.
85. — La Loire à Candé.
86. — La Vanne.
87. — Hyères. *Peinture.*

LAFARGUE (Arsène-Pierre), place du Château, Blois.

88. — Dunes de Chemoulin, près Pornichet.
89. — Une rue au Croisic.
90. — Petite plage, près Pornichet.
91. — Plage Sainte-Marguerite.
92. — Murailles de Guérande.
Aquarelles.

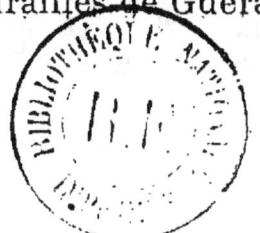

LANGLOIS (Edmond), 2, place Victor-Hugo, Blois.

92 *bis*. — Jeanne d'Arc sort de l'église Saint-Sauveur, d'où elle vient de faire bénir son étendard, avant d'aller au secours d'Orléans. *Tapisserie.*

LEMAITRE (Mme Eglantine), née Robert-Houdin, place Victor-Hugo, Blois.

93. — Ardents au Terrier. (Groupe cynégétique). *Plâtre.*
94. — « Stop », chien d'arrêt.
95. — « Down », chien d'arrêt.
96. — « Noble Conquête », jument demi-sang.
97. — Chat aux aguets (avec agencement pour effet de lumière électrique par les yeux).
Grès artistiques.

MARAND (Louis), 41, route basse de Paris, Blois.

98. — Pommes cuites. *Peinture.*
99. — Rue à Crest (Drôme).
100. — Château de Blois.
101. — Square Victor-Hugo.
102. — Octroi du Sanitas.
103. — Pont du chemin de fer.
Aquarelles. (Cadres de M. Gérardy).
104. — Médaillon (portrait) de M. le Principal du Collège de Blois. *Sculpture.*

MARTELLIÈRE (Mlle Renée), Saint-Georges-sur-Cher (Loir-et-Cher).

105. — Table à ouvrage. *Pyrogravure.*

MARTIN-DEMÉZIL, Le Carroir, Soings (Loir-et-Cher).

106. — Domenico.
107. — Solognote (Étude).
108. — Le père François. *Peintures.*

MERCOYROL (Alfred), rue Foulerie, Blois.

109. — Paysage.
110. — Rue arabe.
111. — Liseuse.
112. — Portrait.
113. — Portrait. *Peintures.*

POULAIN Père (Victor-Auguste), usine de la Villette, Blois.

114. — La Bergeronnette.
115. — Vache dans la prairie. *Peintures.*
116. — Roses. *Aquarelle.*
117. — Nid de cane sauvage.

RAGU (Édouard), 20, rue Porte-Côté, Blois.

118. — Bords du Loir près Lavardin, le matin.
119. — Etang Vié à Dhuizon, le soir.
120. — Cour du "Grand Dauphin", à Dhuizon,

121. — Environs de Mennetou-sur-Cher, le matin.
122. — Nature morte. " Bourriche ".

Peintures.

RIVET (Célestin-Joseph), à Saint-Gervais, près Blois.

123. — Temps gris d'hiver sur les coteaux de Saint-Gervais.
124. — Les bouleaux du Glacis, en hiver.
125. — La rue Saint-Lubin. (Etude, Salon 1904).

Aquarelles.

126. — a Petite mare près de Chailles, le soir. (Etude).
b Soleil couchant sur un étang, Sologne.
c Le val de la Loire, près de Chailles.

Panneau, aquarelles.

127. — d La Loire, vue sous le pont de Blois. (Etude).
e Le Trocadero (Etude).
f Les Bateaux-lavoirs à Blois. (Etude).

Panneau, aquarelles.

128. — g Maisons du xve siècle de la rue Saint-Lubin. (Salon 1905).
h Maisons du xvie siècle de la rue des Orfèvres. (Salon 1905).
i L'Arc de l'impasse Rebrousse-Pénil. (Etude sépia, Salon 1905).
j Vestibule de l'Hôtel de Cheverny, rue Saint-Martin. (Etude sépia).

   k Dessins originaux, publiés par l'*Ar-chitecture* et *The Artistic review*.
         Architecture.
129. — Etude pour le médaillon de M{ʟʟᵉ} Suzanne B.   *Sculpture.*

ROCHAS (Paul), 12, rue Bretonnerie, Blois.

130. — Portrait de M. A. D.
131. — Portrait de M. B.
132. — Portrait de M. A.
133. — Portrait de M{ᵐᵉ} D. D.
135. — Portrait de M. l'abbé D.
         Pastels.
136. — Agrandissements au charbon, M. E. P.
137. — Epreuve directe. M{ᵐᵉ} E. L. dans son atelier.
138. — Epreuve directe. M. H. L. dans son atelier.
        Photographies.

SAUVAGE (Henri), 48, rue du Foix, Blois.

139. — Portrait de M. J. C.
140. — Portrait de M{ʟʟᵉ} G. P.
141. — Portrait de M. E. M.
142. — Portrait de M. G. G.
143. — Mariée du Bourg-de-Batz.
144. — Roses.
144 *bis*. — Portrait de M. E. G.
        Peintures.

SAVINE (Léopold), Officier d'Académie, Officier du Nicham-Iftikar, 27, rue des Dames, Paris.

145. — Fille de Bou-Saada, buste.
Biscuit émaux mats.
146. — Petite arabe, buste.
Grès émaux mats.
147. — Statuette couchée. *Biscuit.*
148. — Fille de Bou-Saada. *Emaux mats.*
149. — Yaouled (debout).
Statuette biscuit.
150. — Ouled-Naïl (assise).
Biscuit blanc.

SCRIBE (Léon-Ovide), route des Petits-Guidots, Romorantin.

151. — Bords de la Sauldre.
152. — A la Gaudinière.
153. — Lavoir des Tripiers, à Romorantin.
Peintures.
154. — La liseuse à la Colombe, d'après un dessin de M. P. Prudhon.
Faïence.
155. — Paysage. *Peinture.*

SILLY (Mme Marguerite), 1, rue Haute, Blois.

156. — Coussin moire crème, brodé d'Iris.
157. — Un napperon granité, brodé de fruits et jours à l'aiguille.
158. — Un écran, bannière, broderie Rococo.

TARDIVEAU (Mlle Cécile), 10, rue des Écuries-du-Roi, Blois.

159. — Travail sérieux.
160. — Une vieille.
Dessins.
161. — Une autre vieille. *Sépia.*

TERRIER (Jules), 9, villa des Gobelins, Paris. 3 mentions honorables au Salon des Artistes Français.

162. — Aigle fauve et chamois.
163. — Perruche ondulée.
164. — Gazelle.
Groupes bronze.

Mlle A. T., Blois.

165. — Nature morte.

TOUCAS (Eugène), rue de la Glacière, Sannois (Seine-et-Oise). Membre de la Société des Artistes Français, Paris.

166. — Asperges et fraises.
167. — Roses.
168. — Roses.
Peintures.
169. — Église de Boisemont (Seine-et-Oise).
Aquarelle.
Représentant à Blois : M. Gérard de Lacaze-Duthiers.

WILMART (M{ⁿ} Charlotte), Saint-Jean-le-Blanc, Orléans.

170. — Etude de roses.

WILMART (M{ⁿ} Hélène), La Petite-Motte, Saint-Jean-le-Blanc.

171. — Coffret. — Moyen-âge.
Cuivre repoussé.
172. — Paravent. — Porte-photographies.
Cuir repoussé, veau blanc.
173. — Porte-cartes (hibou).
Cuir repoussé et patiné.
174. — Porte-cartes. — Tête (art nouveau).
175. — Porte-cartes. — Sujet japonais.
176. — Buvard.
Cuir blanc repoussé et patiné.

VABOIS (Ernest), 54, rue du Foix, Blois.

177. — Portrait de l'auteur. *Peinture.*
178. — « Le veau d'or est toujours debout. »
Lithographie.

WÖHRNITZ (M{ⁿ} Marguerite), 91 *bis*, rue du Bourg-Neuf, Blois.

179. — Etude. *Pastel.*
180. — Vitrine contenant deux miniatures :
 a. Portrait de M{ᵐᵉ} W.
 b. Frileuse.

WILMART (**Mlle Marguerite**), à Saint-Jean-le-Blanc (Loiret).

181. — Intérieur. *Peinture.*
182. — Rue Augustin-Thierry, à Blois.
Aquarelle.

APPENDICE

BIGAUX (Louis), 9, rue du Val-de-Grâce Paris, et à Macé, Saint-Denis-lèz-Blois.

187. — Fleurs.
188. — Nature morte.

Peintures.

189. — Composition décorative.
190. — Composition décorative.

Aquarelles.

GROB (Paul-Auguste), 8, rue Saint-Honoré, à Blois.

191. — Automne, forêt de Russy.
192. — Moulin de Saint-Gervais.
193. — Soirée de printemps.
194. — Les Métairies, près Blois, pochade.
195. — La Loire à Blois.

Peintures.

JEANNOT (Joseph-Clément), à Marlotte (Seine-et-Marne).

196. — Moulin de la Sédelle, à Crozant.
197. — Les Chênes, Fontainebleau, Hiver,
Aquarelles.

COFFIGNON (Edmond-Louis-Joseph), à Saint-Gervais, près Blois.

198. — Le Cosson, à Saint-Gervais.
199. — Etude de forêt.
Peintures.
200. — Le soir. *Aquarelle.*

BOCQUIN (Joseph), 12, rue de la Paix, Blois.

201. — Cadre de glaces, roses.
202. — Coffret, pavots.
203. — Boîte à mouchoirs.
204. — Boîte à mouchoirs, roses.
205. — Porte-montre.
Bois sculptés.

TOUPEY (Alexandre), 32, rue de la Santé, Paris.

206. — Portrait de Charles-Orland, dauphin, fils de Charles VIII, roy de France, âgé de XXVI mois (1494).
Lithographie.

CHEVALIER (Armand), 16, rue du Mail, Blois.

207. — Paysage.
208. — Paysage.
209. — Paysage.
210. — Paysage.
211. — Paysage.
212. — Paysage.

Peintures.

RENOU (Albert-Eugène), 24 *bis*, rue du Mail, à Blois.

213. — Une travée, façade du château de Beauregard (Restauration).
214. — Agrandissement, château de Boisgenceaux (façade et plan).
215. — Agrandissement, château de Boisgenceaux (cheminée du hall).

ROUSSET (Paul), quai du Foix, Blois.

216. — Environs de Luchon.
217. — Vieux Castel.
218. — Route près de Luchon.
219. — Le Cosson à Saint-Gervais.
220. — Bury.
221. — Les Grouëts.
222. — Forêt de Blois.

223. — Bords de la Cisse.
224. — Moulin sur le Loir.
225. — Les Gaudinières, près Blois.

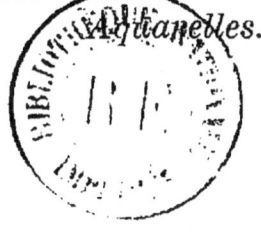

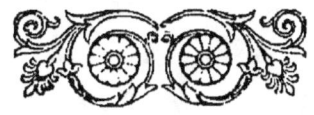

BLOIS, IMPRIMERIE C. MIGAULT ET Cⁱᵉ

www.ingramcontent.com/pod-product-compliance
Lightning Source LLC
Chambersburg PA
CBHW030104230526
45471CB00003B/1257